ANGEL CRISTÓBAL GARCÍA

FRANCISCO NARVÁEZ

La batalla entre el artista y la forma

Letras Latinas Publishers

Colección Warairarepano

2018

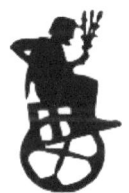

Francisco Narváez: la batalla entre el artista y la forma

Edited by: Felicia Jiménez

Cover: Latin Letters Publishers

Photos courtesy of: Gallery of Arts of Caracas

Realized the Legal Deposit of this work.

ISBN-13: 978-1985036765

ISBN-10: 1985036762

Copyright Ángel Cristóbal García, 2018

Copyright Letras Latinas Publishers, 2018

Fundación Editorial Letras Latinas y Letras Latinas Publishers, have been registered as an independent publishing house, non-profit, in Venezuela (2004) and the United States (2017), respectively.

Our books are available in the catalogs of the following libraries: National Library of Venezuela, Library of Congress (Washington, DC), Columbia University in the City of New York, New York Public Library System, New York University, University of Texas, Yale University Library, Harvard College University, University of Wisconsin, Stanford University, UC Berkeley Libraries, University of California, Miami-Dade College, Florida International University, University of Florida, Tulane University (New Orleans), Princeton University, University of Pittsburg, University of Illinois, Cornell University Library, University of Kansas, University of New Mexico, Bibliothek der Humboldt-Universitat Berlin, Ibero-Amerikanisches Institut Kulturbesitz Bibliotek (Germany) y Agencia Española de Cooperación para el Desarrollo (AECID).

Contact us: letraslatinaspublishers@gmail.com

www.letraslatinaspublishers.com

Francisco Narváez: la batalla entre el artista y la forma

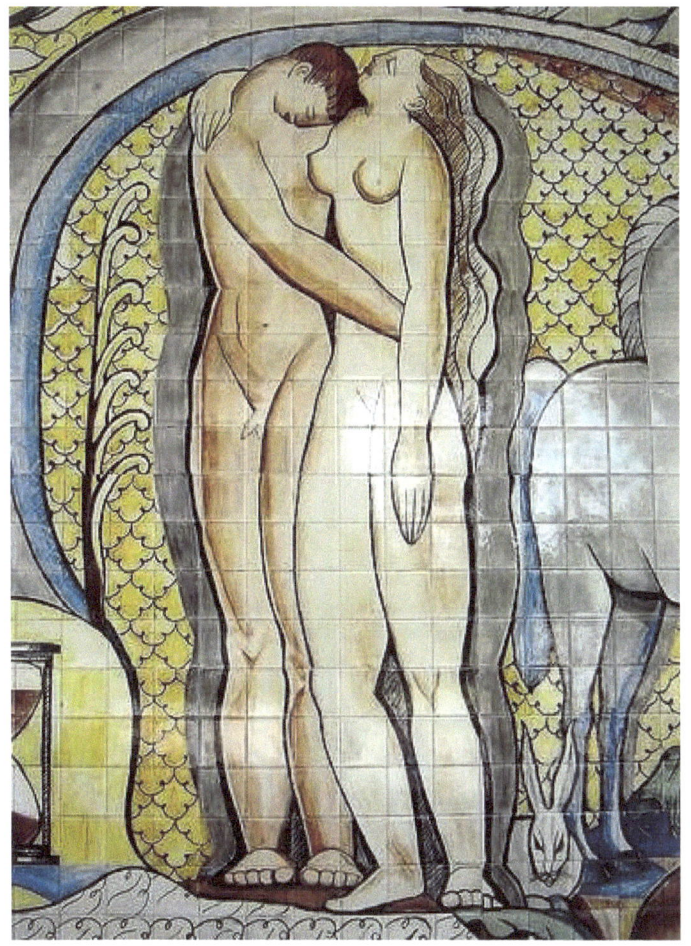

Mural de la Escuela de Medicina. Caracas.

Francisco Narváez: la batalla entre el artista y la forma

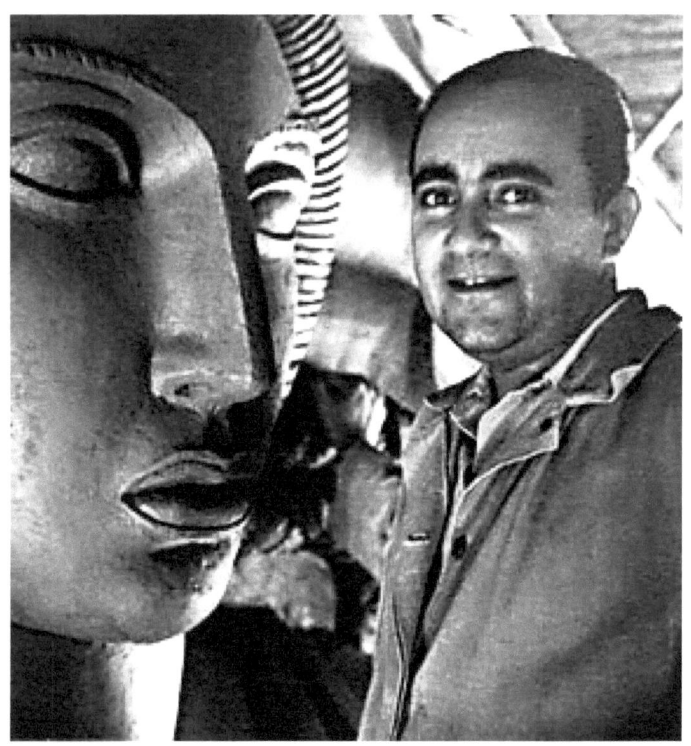

El escultor venezolano Francisco Narváez

INTRODUCCIÓN

De tal palo, tal astilla

"...Yo desbasto la luz y la sombra determina el milagro...".

(Poema de Reina Rivas dedicado a Narváez)

Muchas leyendas han llegado a nuestros oídos que explican la razón del nombre de Isla Margarita. Una de ellas, muy popular, afirma que la también denominada "perla del Caribe", se llama así debido a un sueño irrealizable de Cristóbal Colón (1), su primer visitante del Viejo Mundo –que no su "descubridor", porque descubierta y habitada estaba ya por los pueblos autóctonos cuando éste desembarcó allí en 1498-, en homenaje a la infanta Margarita de Austria (2) de quien estaba locamente enamorado. Y con ese mismo nombre, se bautizó la primera provincia creada en Venezuela por decreto del rey Carlos V, monarca que la concedió el 18 de mayo de 1525 a Marcelo Villalobos, caballero español que murió en 1526 sin haber tomado posesión del cargo. Entonces le sucedió su hija, Aldonza Manrique, la que por ser muy joven gobernó a través de su madre, Isabel Manrique, y así sucesivamente, los Manrique gobernaron más de seis décadas hasta que en 1593 se interrumpió esta dinastía.

Cierto o no lo de Colón, la leyenda la hemos citado para introducir al lector en nuestro personaje. Porque fue en Margarita -en una antigua villa fundada en 1553 con el nombre de Espíritu Santo, en la bahía de Guaraguao, perteneciente al litoral sur oriental de la Isla, y rebautizada en el siglo XVIII como Pueblo de la Mar, hoy Porlamar-, donde nació Francisco Narváez. Corría el año de 1905 y era presidente de Venezuela Cipriano Castro. Todavía existe la casa de los Narváez, aunque reconstruida, en la calle Gómez. "La mitad (del hogar) estaba reservada para la familia, la otra al taller donde mi padre no cabía con sus fantasías de ebanista, alarife, maestro de obra, arquitecto autodidacta y general castrista". (3)

Quizás pocos imaginaron que aquel recién nacido, el cuarto vástago en una prole de once hijos, estaba destinado para brillar en las artes plásticas y la escultura, pues siendo hijo de José Lorenzo Narváez y de Vicenta Emilia Rivera, la paleta de colores y el cincel no les serían herramientas ajenas a su formación, por el contrario; su padre era conocido por sus tallas decorativas realizadas en la iglesia del Valle del Espíritu Santo de La Asunción y por la construcción del faro de navegación de Porlamar.

La vida en la isla era placentera, pero aquella armonía se ve interrumpida en 1908, cuando la familia Narváez, producto del golpe de estado que sufre Cipriano Castro (4), se refugia en Carúpano, de donde extendía sus actividades a San Losé Oroucal, Río Caribe, a toda la costa. Por esos días, el pequeño Francisco asiste a la escuela primaria del pueblito, según el mismo cuenta "regentada por una señorita que nos decía, repitiendo al poeta Elías Calixto Pompa: Es puerta de la luz un libro abierto".(5)

Apenas tendría siete años de edad y empieza a realizar tallas de muebles en miniatura, con materiales tales como tiza y madera, y ayudándose con una navaja como herramienta. Su aprendizaje inicial se basó en las prácticas del taller de su padre (1912-1921) donde surgió su interés por la figura humana y copió en tiza los santos restaurados por Don José Lorenzo. También realizó retratos de sus familiares y probó materiales como la greda para modelar figuras. Siempre se le veía ayudando a su padre, sea ya en los trabajos de reconstrucción y restauración de la iglesia de San José de Orocual

-para la cual repintó las figuras y talló las partes faltantes de algunas imágenes religiosas-, como en otros encargos que recibía el viejo Narváez.

Así las cosas, en 1916, a la edad de once años, Francisco participó en una exposición de artesanía en Cumaná con una talla de muebles en miniatura, y recibió un diploma de reconocimiento. Poco tiempo después se le encargó un San Rafael para la iglesia de Carúpano, el cual debió esculpir a partir de un solo bloque de cedro. Esta figura, según expresó más tarde -siendo ya un artista consagrado-, se conservaba aún en dicho templo hacia 1968.

Regreso a Porlamar

Diez años después de haber dejado atrás la isla Margarita, en 1918 la familia vuelve a Porlamar. "No recuerdo en qué fecha nos reinstalamos en Porlamar. Yo andaba en los doce o trece años, creo había crecido tanto como los santos que ahora tallaba en tamaño natural…". Nuevamente en su hogar paterno, Narváez se siente atraído por las escenas pintorescas del mercado de Punta Arenas, con sus pescadores, vendedoras y cargadoras de bultos; figuras que serían recurrentes en su obra posterior. En este singular lugar coincidió pintando las escenas costumbristas con otros pintores, como el rumano Samys Mützner:

Recorriendo Punta Arena muchas veces vi a Mutzner, dedicado a pintar en el mercado. Paso a paso me acercaba hasta situarme en un sitio desde donde podía observar en detalle lo que él estaba haciendo. Colocaba un amarillo, lo aclaraba, lo afinaba o lo subía de tono, en cualquier caso un motivo de asombro para mí por la destreza y el toque rápido de aquel artista que no sabía quién era y a quien yo, muchacho tímido, nunca me le acerqué francamente, como hubiera deseado hacerlo…(6)

También por esta época Narváez inicia clases de teoría y solfeo, las cuales se ven interrumpidas cuando enferma de un temible mal, la escrófula o mal del rey (7) y permanece todo un año en cama. Sin embargo, y a pesar de las estadísticas mortales del padecimiento, logra recuperarse y enseguida se dedica a tallar figuras de nacimientos. Hacia 1920, realiza la talla en madera de una imagen del niño Jesús para las Hermanas Carmelitas del hospital donde convaleció, obra que llama la atención de monseñor Sixto Sosa, obispo de Guayana, quien le sugiere que estudie en Caracas. El interés del prelado es tan sincero, que no sólo le consigue el permiso de su padre, sino que le paga el pasaje y gestiona una beca para que estudie en la Academia Nacional de Bellas Artes.

Narváez viaja a la capital y se instala en la casa de los capuchinos en las Mercedes, donde permanece hospedado hasta iniciar los estudios de sexto grado en la Escuela Normal Villa Zoila, y estudios de artes plásticas en la Academia, hacia 1922. La talla del niño Jesús de las hermanas carmelitas del hospital de Porlamar, fue expuesta ese mismo año en una famosa casa fotográfica de entonces, junto con una pintura suya sobre el mismo tema; la prensa señaló que "la figura había sido tallada a navaja sin la intervención de maestro alguno".

En la Academia recibió clases de dibujo, pintura, escultura, paisajismo, anatomía y composición. Entre sus condiscípulos estaban Gregorio García, Eduardo Francis, Rafael Rosales y Tomás Golding y fueron sus profesores Ángel Cabré Magriñá, Cruz Álvarez García, en pintura, y Pedro Basalo en escultura.

Para ese entonces, la enseñanza artística seguía los patrones clásicos, pero por las tardes la escuela bullía de visitantes. Se reunían para oír música, canto o declamación, ver lo que estaban haciendo los estudiantes de arte; o simplemente conversar; es una de las primeras tentativas de centro cultural que hubo en Caracas. También la frecuentaban escultores que después harían historia, como Alejandro Colina (8). Las clases de escultura se limitaban al modelado en arcilla y al trabajo en yeso, aunque el artista se interesó en la talla directa: en cierta ocasión le regalan un cincel y un bloque de mármol de Carrara (9), con el que talló un rostro que creó controversias entre los profesores, debido a sus "formas redondas", alejadas de los criterios clásicos propugnados por sus profesores. El joven alumno, atento a hacer correctamente sus estudios clásicos y de seguro, por disciplina, dispuesto a permanecer fiel a los cánones, se vio pronto asaltado por la inquietud de las cosas modernas, por el movimiento más libre del arte.

Dos años después, en 1924, obtiene diploma de honor de la Escuela de Artes Plásticas en pintura y escultura. Aquel mismo año conoce a Arturo Uslar Pietri (10), a Alfredo Boulton (11) y a Andrés Eloy Blanco (12); éste último le dedicaría poco después "Versos de Poda", en agradecimiento a que Narváez realizaría la maqueta para la tumba del Dr. Luis Felipe Blanco, padre de aquél, proyecto que finalmente no se llevó a cabo.

Una vez que Narváez finaliza sus estudios en 1928, nuevamente monseñor Sosa -a quien hará en años posteriores dos retratos, uno para la iglesia de la Virgen del Valle y otro para las Hermanas Carmelitas de Caracas-, le ayuda y le gestiona ante los ministros de Exterior y Fomento el costo de un pasaje con destino a París. Allá pintará motivos marinos y esculpirá relieves sobre lajas de piedra obtenidas de los patios parisinos..., pero de los detalles de este viaje nos enteraremos en el próximo capítulo.

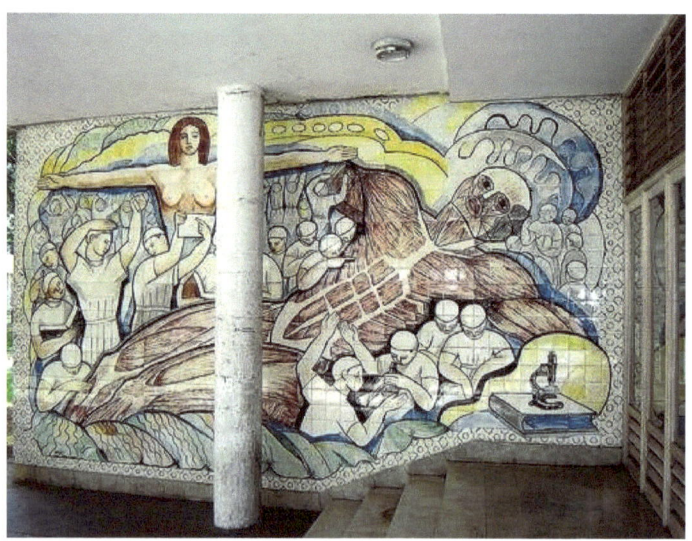

Otro ángulo del mural de la Escuela de Medicina.

CAPÍTULO I

Un caso heroico

Con el dinero recaudado en una exposición que realiza en el Club Venezuela, más la ayuda prestada por Monseñor Sosa y el apoyo ministerial, Francisco Narváez embarca para París en el barco Pellegrini della Touche, acompañado del pintor Rafael Rosales. Llevaba en uno de los bolsillos de su chaleco, una carta escrita desde Caracas por Arturo Uslar Pietri, dirigida a Alfredo Boulton, quien se encontraba en París en julio de 1928:

Francisco Narváez, aquel muchacho pintor y escultor que tenía la exposición en El Club Venezuela, va (a París) con muchas ilusiones y con deseo de trabajar. Tengo fe en que hará algo. Te envío esta misiva para que lo ayudes, relacionándolo con algunas personas útiles. Vale la pena. Se trata de un caso heroico: no conoce a nadie, no habla el idioma y cuenta con doscientos bolívares mensuales. Aparte de que verdaderamente se trata de un artista de muy viables méritos...(13)

Ya en París, Narváez no pierde tiempo y se inscribe en la Academia Julián, donde fue discípulo de Pierre Landowsky y Bernard, y asiste al taller del escultor François Pompon. También estudia los trabajos de Arp, Gargallo y la obra de Maillol, la cual ejercería mucha influencia en sus trabajos posteriores. Aunque algunos autores señalan la importancia del grupo Pont-Aven en su producción pictórica parisina, para Boulton, la única asociación del artista venezolano con este grupo fue una temática común -paisajes marinos, mujeres nativas o vegetación tropical-, ya que en verdad, su arte en esta etapa coincidió con el interés artístico europeo por las formas primitivas; bajo esta óptica realizó algunos retratos al óleo de amigos venezolanos, en los que se aprecia una gran síntesis y un tratamiento plano del color.

En 1929 instala un taller en las afueras de París y, entre otros trabajos, esculpe "Vendedora de pescado" (Pescadora, según Boulton, 1929) en piedra de París (la cual obtenía de las demoliciones de viejos edificios), obra con la que participa en el Salón del Gran Palacio en los Campos Elíseos y que fue comentada por el periódico L'Art Vivent. Es este el inicio de un período en el que las figuras indígenas, las frutas tropicales, los colores intensos y los temas exóticos predominan de manera notoria. De ahí que, cuando envía algunas obras a Caracas que son exhibidas en el Club Venezuela (1930), calificadas por la prensa como "nativistas", el artista explicó que "sentía que esa simplificación gráfica le llenaba más que la plasticidad griega" (14).

El término "nativista", con el que los periodistas de entonces ironizaban el rompimiento del artista con las formas "clásicas", ignoraba que desde muy temprano, Narváez se apartó de la mayoría de las tradiciones artísticas que para esos días prevalecían en Venezuela, y fue formulando un esquema pictográfico sumamente personal, pudiéndose decir que Narváez fue parte del muy pequeño grupo que rompió con las cansadas y caducas fórmulas tradicionales imperantes en la Venezuela de 1930. Los conceptos plásticos de Narváez representaban una ruptura con nuestro pasado pictórico, como no se había visto anteriormente otra igual. "Su obra no era un mensaje para viejos, sino para los jóvenes. No iba dirigida a intelectuales trasnochados: era para jóvenes trasnochadores." (15).

Catia, el hogar de la mejor esperanza venezolana

El 31 de julio de 1931, Francisco Narváez regresa de París a Caracas, por la Compañía Trasatlántica e instala su primer taller en el Barrio Obrero de Catia, que funcionó hasta 1943, y el cual llegó a convertirse en el más activo e iluminado centro de vida artística y cultural caraqueña. Para mucha gente joven, formada dentro de las limitaciones y estrecheces de la época y de la situación política, aquel apartado recinto era como una revelación. Todo allí podía decirse y separarse. En las paredes estaban las mujeres margariteñas de Narváez con sus carnes morenas y sus peces de plata, y en las tallas de madera se levantaban colosales mulatas bajo racimos de plátanos, y rostros hieráticos y transitados de negras; como los testigos y los adelantados de un pueblo que había comenzado simbólicamente a ponerse en marcha:

"Primero presenté mestizas, que se llamaron negras porque las esculturas estaban teñidas de negro. No eran ni siquiera mestizas sino indígenas puras, no mezcladas. Estaba de moda entonces el arte negro, pero yo no hacía arte negro. El arte negro es mucho más caricaturesco, yo hacía más volúmenes, era más arcaico: tomaba los volúmenes de las cosas". (16)

Los motivos criollos de su época parisina, cultivada y enriquecida a su regreso a Venezuela le permitieron al artista experimentar con los volúmenes, así como con materiales locales como la piedra o la madera. Sin embargo, nunca abandonaría la pintura, y así vemos cómo en 1934 expuso esculturas, óleos y acuarelas en el Ateneo de Caracas. Sobre esta producción pictórica del artista en dicho período, Juan Carlos Palenzuela comentó:

"La pintura de Narváez de estos años, digamos, por ejemplo, sus paisajes de Ocumare, recuerdan ciertos paisajes y bodegones de su amigo Marcos Castillo y la de éste, algunas piezas de Elisa Elvira Zuloaga. Quizás el hilo conductor entre los tres artistas haya sido el notable maestro francés André Lhote". (17)

Entonces se produce un hecho que marcará definitivamente el futuro del artista como un maestro de la escultura; cuando, encomendado por el arquitecto Carlos Raúl Villanueva (18), quien era Director de Edificaciones y Obras de Ornato del Ministerio de Obras Públicas, Narváez realiza el grupo escultórico de la Fuente del Parque Carabobo (fechado por Boulton y Rafael Pineda en 1934), antigua Plaza La Misericordia. Este conjunto, vaciado en piedra artificial, fue su primera obra integrada al urbanismo, y es para muchos autores la máxima expresión del trabajo nativista del escultor, además de ser un hito, pues marca una nueva forma de tratar el desnudo en la escultura venezolana. Ya en la fuente del Parque Carabobo, se aprecia la estructuración casi geométrica de la figura como forma única que caracteriza la obra de este artista. (19)

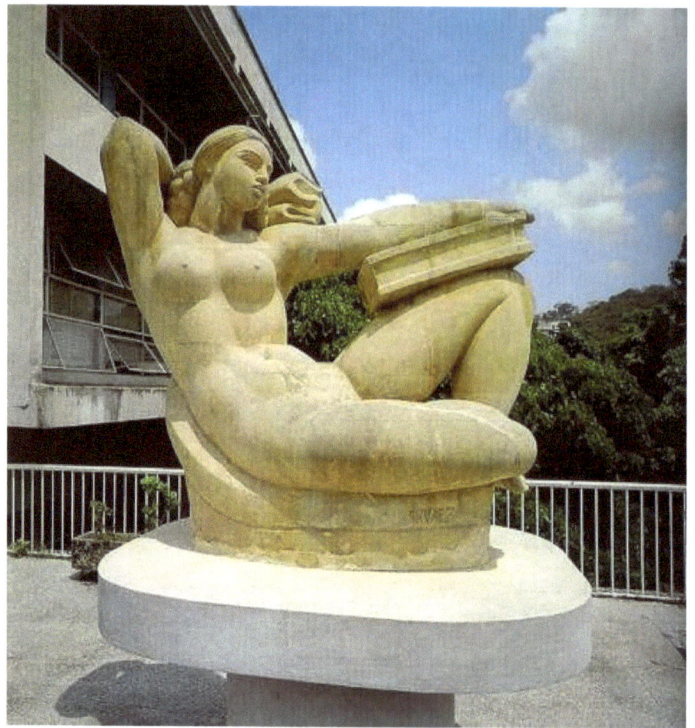

Escultura La Educación

CAPITULO II

La batalla entre el artista y la forma

Francisco Narváez es un camino: el camino que ha recorrido la escultura venezolana en los últimos treinta años. Entre el llamado de la tierra, los obstáculos de la circunstancia y las solicitaciones de lo universal, ha cambiado su esfuerzo creador dándonos una obra que, ni en su abundancia, ni en su intensidad, ni en su significación tiene antecedentes en nuestra escultura. (Arturo Uslar Pieri, 1956)

La temática figurativa conformaría en el escultor todo un grupo de formas escultóricas donde prevaleció la identificación del artista con los seres del mundo. Esa transformación de la materia prima natural -maderas y piedras de distintas consistencias-, en "temática", en descripción, en narración, partía tanto de la actitud observadora de su entorno humano, como de su necesidad artística al fin y a la postre, de convertirlos en otra cosa: en forma de bulto escultórico; lugar de la textura y la superficie; del llamado a la luz por el volumen; el entrante y el ocultamiento: materia capaz de reflejar o absorber mayor o menor cantidad de luz del entorno fuera aquella más lisa y pulida, o más áspera y porosa.

La sensualidad, particularmente sensualidad de y por los cuerpos era exaltada ante el pedazo de madera o piedra que habría de servir para inventar los cuerpos a su gusto y deseo; era una manera de hacerlos a "…imagen y semejanza" de los afectos del escultor por la materia del hombre y de los distintos seres humanos.

Esos son los conceptos que desarrolla Narváez en 1936, cuando ingresa como profesor de escultura y modelado a la Escuela de Artes Plásticas y Artes Aplicadas; un año cuando también realiza relieves para las tumbas del poeta Luis Castro y de la familia Guruceaga, en el Cementerio General del Sur, obras sobre las cuales el propio Narváez comentó posteriormente: "(…) Es un monumento muy sereno, como es el poema que me sirvió de tema, una estela donde tallé unas figuras de dignidad criolla. Creo que es la primera vez en la iconografía funeraria venezolana se ha introducido un carácter semejante (…)" (20).

Nuevamente, Villanueva le encarga otros relieves en piedra artificial para las fachadas del Museo de Bellas Artes y el Museo de Ciencias Naturales respectivamente; en el primero, culminado en 1936, realiza tres relieves en los que representa figuras femeninas alegóricas a La Pintura, La Escultura y La Arquitectura, y para el segundo, inaugurado en 1939, realiza motivos ornamentales y tres relieves; uno en la fachada principal, que representa un grupo de mujeres con frutos de la tierra, y dos en las fachadas laterales, Adán y Eva (llamados por Boulton "El Hombre y La Mujer"). Ese mismo año realiza un grupo escultórico en piedra artificial para el Colegio de Ingenieros y participa en la Feria Mundial de Nueva York, para la cual talla cinco esculturas en caoba africana, las cuales expone junto a pinturas de Luis Alfredo López Méndez, cinco piezas de las que se conservan cuatro: Cacao, Perlas, Frutas y Café. Las dos primeras fueron ubicadas posteriormente en el Liceo Fermín Toro, y las segundas en el Liceo Andrés Bello.

Cuando en 1940 participaba en una exposición colectiva de artistas latinoamericanos en el Riverside Museum de Nueva York, recibe la grata noticia de haber recibido el Premio Nacional de Escultura en el I Salón Oficial Anual de Arte Venezolano -convocado por el Museo de Bellas Artes-, por su obra Figura Decorativa, talla en madera caoba. Aunque agradecido por el galardón, Narváez durante la ceremonia se limitó a describir la pieza premiada como "un bloque que se aprecia desde todos puntos de vista y para mí significó un triunfo haber logrado esta multiplicidad de visión que tanto discutieron los renacentistas" (21).

En 1941 realiza "La Educación", relieve vaciado en piedra artificial con formas alegóricas al tema, compuesto por dos figuras, una mujer y un niño, ubicado en la fachada de la Escuela Gran Colombia (hoy Grupo Escolar Francisco Pimentel). Incansable, al año siguiente realiza un relieve alegórico para la fachada del antiguo Museo Bolivariano, ubicado en la esquina de

Pajaritos. Y como le acompaña la buena suerte, antes de finalizar 1942 obtiene el premio John Boulton de pintura en el III Salón Oficial de Arte Venezolano con "Negra de Barlovento".

Entre 1943-44 realiza "La Patria", monumental obra tallada en piedra artificial para el patio de la Escuela Militar de Venezuela y un altorrelieve para el auditorio. En estas obras desarrolla una muy personal resolución del motivo, pues consigue que la valoración de formas y volúmenes imperara sobre el tema. Sin embargo, quizá el momento cumbre de su ingenio lo obtiene en el próximo trabajo que le encargó su amigo, el arquitecto Villanueva...

Toninas en la plaza O'Leary

Enclavada en el mismo corazón del centro de Caracas, la plaza O'Leary ofrece hoy al caminante la posibilidad de un descanso, en medio del bullicio, el caos vehicular y el trajinar de una ciudad que no descansa. Muchas veces pasé por allí, camino del trabajo, y siempre lamenté el estado deplorable, de total abandono, que imperaba en el lugar cinco años atrás, y aun así, debajo de la mugre, la hierba y jardineras convertidas en malezas, podía apreciarse la belleza arquitectónica del entorno. Fue el Lic.

Gustavo Merino Fombona, al frente de Fundapatrimonio, Alcaldía de Caracas, quien promovió el rescate y restauración de esta Plaza, devolviéndole el verdor a su césped, iluminación a sus luminarias, seguridad patrimonial a la zona y, sobre todo, funcionamiento a las dos bellas fuentes en ella enclavadas.

Hace más de seis décadas, en 1945, el benemérito arquitecto Villanueva, encargado de la remodelación de la Urbanización El Silencio, encargó a Narváez la realización de dos grupos escultóricos para adornar la antigua plaza Urdaneta. El artista, inspirado en una antigua leyenda de la isla Margarita -diría yo, leyenda universal, creencia antigua de marinos desde los tiempos de Odiseo (Ulises) acerca de sirenas-, concibió "Las Toninas" (22); dos fuentes en piedra artificial en las que unos seres, mitad humanos, mitad delfines, cual mitos, sostienen cuernos de la abundancia, de los que emana el agua de la vida. Con relación a este trabajo, Narváez afirmaría más tarde:

"Por exigencias del arquitecto Carlos Raúl Villanueva, autor de la remodelación de El Silencio, incorporé ciertas pautas barrocas a las figuras y a la propia fuente, cargando la línea para la relacionarla con la unidad de ambiente. Es un trabajo de equilibrio entre las exigencias decorativas y la escultura de planos y ángulos". (23)

El presidente General Isaías Medina Angarita inauguró la Reurbanización "El Silencio", ocasión que el diario El Nacional no deja escapar por alto, reseñando:

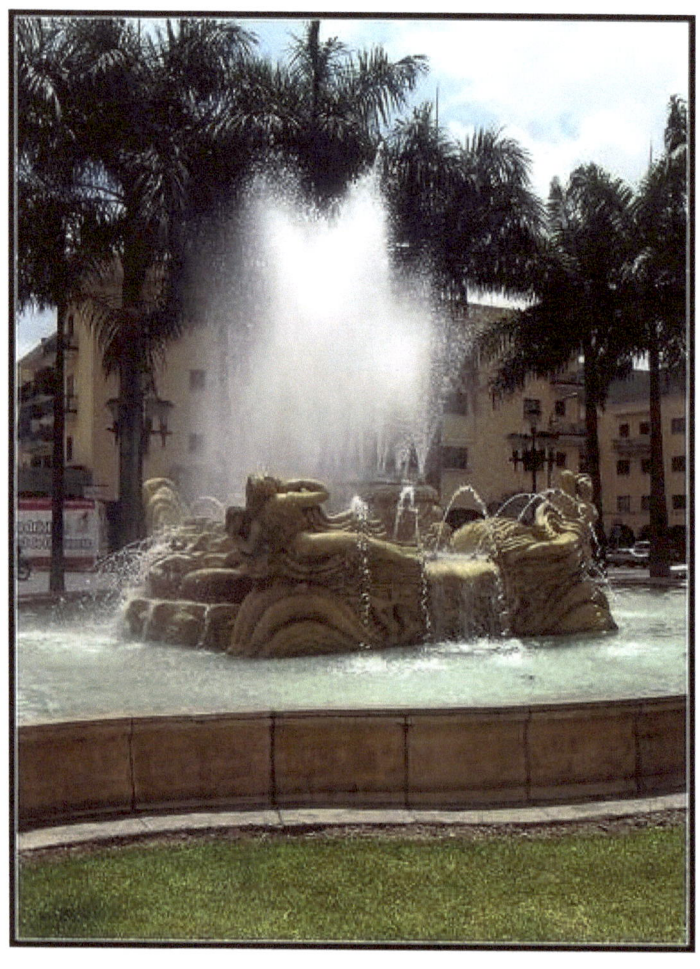

"Todas las líneas del conjunto se enlazan armónicamente como también los volúmenes habiendo una disposición perfecta de los espacios…" (24).

Había recibido un año antes el Premio Nacional de Pintura (1948), cuando el maestro decide "asentar cabeza" y en marzo de 1949, Francisco Narváez se casa con Lobelia Benítez. Pocos meses después, en diciembre de aquel mismo año, nacerá su hija Carolina. La construcción del hogar coincide con una época de mucha actividad, pues enmarcado en el proyecto ideado por Carlos Raúl Villanueva para la sede de la Universidad Central de Venezuela, Narváez elabora esculturas y murales de diversas técnicas y materiales: realiza cartones para dos murales en cerámica esmaltada ejecutados por María Luisa de Tovar (Instituto de Medicina Experimental e Instituto Anatómico "José Izquierdo", 1949-50); dos esculturas en piedra de Cumarebo: La Ciencia (Instituto Anatómico "José Izquierdo", 1950) y La Educación (Instituto de Medicina Experimental, 1950); un fresco para la Capilla del Hospital Universitario (1950), y un mural en cerámica esmaltada para la fachada de la antigua Cafetería Universitaria (1951) —obra que fue mutilada durante los trabajos de remodelación del comedor en 1982-, una placa escultórica de José Gregorio Hernández (Instituto de Medicina

Experimental, 1953); un mural en madera para la Biblioteca "Henry Pittier" del Instituto Botánico (1956); dos torsos: uno para la Facultad de Arquitectura (1956) y otro para el Hospital Clínico Universitario, y la escultura "El Atleta" (en piedra de Cumarebo) para el Estadio Olímpico, 1951). Esta última marca un punto culminante en su proceso de depuración; la figura, muy estilizada, está resuelta con grandes planos geometrizados y esquematizados, y se aleja del realismo figurativo de sus piezas anteriores.

Sin embargo, tanta actividad afecta su salud y en 1952 le sorprende el primer infarto. Se sabe que sus amigos tienen que organizarle una exposición con el propósito de ayudarlo, algo asombroso, insólito, teniendo en cuenta el volumen de trabajo desarrollado por este hombre y la trascendencia de su obra.

Una vez recuperado del susto, en 1953 viaja a Italia, y se residencia durante 6 meses en Pistoia, donde funde la estatua ecuestre del General Rafael Urdaneta, originalmente destinada a la Plaza O'Leary de El Silencio. Obra en la cual se preocupó por resolver grandes planos y grandes volúmenes asociados a la idea heroica y que el diario La Nazione, de Florencia (2 de febrero de 1953), describió como un monumento que tenía "solidez de formas, redondez y plenitud de caracteres".

De regreso a Venezuela, Narváez asume la dirección de la Escuela de Artes Plásticas y Artes Aplicadas de Caracas. También ejecuta su obra "La Cultura", escultura en bronce, inicialmente ubicada en la terraza de la Biblioteca de la UCV, actualmente conservada en la Plaza del Rectorado de la alta casa de estudios. Esta pieza es un ejemplo de las llamadas "formas nuevas" que el artista empieza a trabajar ese año, en las que la figura humana estilizada, lograda con economía, se modificaba debido a tensiones internas de la masa, de manera que la anatomía se transformaba en referencia visual, aunque especialistas insisten en que estas formas no son abstractas y que toda la obra del escultor se asocia a una concepción humanística de la forma.

En 1954 realiza una exposición en la Sala de Exposiciones de la Fundación Eugenio Mendoza donde presenta sus llamadas "Formas Nuevas"; representa a Venezuela en la Bienal de Venecia en sus ediciones XVII y XVIII (1954 y 1956). En 1955 participa en la Bienal de Sao Paulo y en 1958 en la Feria Internacional de Bruselas junto a Jesús Soto.

Los trabajos de los años sesenta adquieren la rigidez, textura y oquedades del material, elementos que pasan a ser primordiales en sus trabajos posteriores; es notoria la investigación de las concavidades que ofrece el material trabajado, que destaca en la exposición de 1966 en la Sala Mendoza, año cuando participa en el IX Salón Oficial Anual de Arte Venezolano donde es reconocida su obra pictórica; asimismo talla Figura Acéfala en samán blanco, destinada al Banco Central de Venezuela.

Coincide esta época con la investigación que artista inicia con los llamados ochavados, técnica que aplica por primera vez en "La Ronda" (1967), una fuente realizada para la avenida Santiago Mariño de Porlamar, llevada luego al estacionamiento del Hotel Bella Vista de esa ciudad, y posteriormente a la Plaza Bolívar de esa ciudad. Los "ochavados", son marcas y señales premeditadas producto de la acción del tallar (ochavar); estas piezas son, para muchos un momento de ruptura poco comprendido, debido a lo tosco y abigarrado de las piezas. Sin embargo, los ochavados representan una batalla entre el artista y la forma: en la acumulación de planos, cortes, de fragmentos toscamente reunidos unos con otros, surgen las figuras grotescas que parecen dibujarlo, más bien que parecen desdibujarse, pues de eso se trata, de romper definitivamente en lo más íntimo de la obra, con todo posible recuerdo de la figura humana:

"En Venezuela no ha existido ni existe la crítica de arte. El concepto que tengo de la escultura es que como volumen en el espacio debe llenar esa función a cabalidad; jamás muñecos sin expresión y sin vida. Cada día me estoy librando, es un alma que se liberta de los envoltorios tan efímeros de lo circunstancial siempre más del peso obligado de la anécdota. Esta segunda etapa mía está muy cerca al abstraccionismo, aun cuando todavía haya figuras o figuraciones en las esculturas. Pero abstraccionismo puro y absoluto, tratará la forma en sí como única razón de su existencia en el plano de superación artística". (25)

Incansable, en 1969, talla una Virgen de Coromoto que el gobierno venezolano le regaló al Estado de Israel; hoy en la basílica de Nazaret, en Jerusalén. La década del setenta se le escurrirá como arena entre los dedos, en exposiciones, bienales y reconocimientos. En 1972 fue invitado de honor de la I Exposición Nacional de Artes Plásticas en el MBA y en 1973 participó en la II Bienal Internacional de Pequeña Escultura en Budapest con 20 esculturas. Para 1976 realiza serigrafías, técnica que le permitió obtener colores planos; el artista se encontraba entonces en una transición en su producción bidimensional. Ese año fueron restauradas "Café y Frutas" para la exposición antológica "Trayectoria de Francisco Narváez", realizada en el Museo de Arte Contemporáneo de Caracas. En 1978, representa a Venezuela en la Exposición Internacional del Grand Palais en París, junto a Héctor Poleo y Armando Reverón (26).

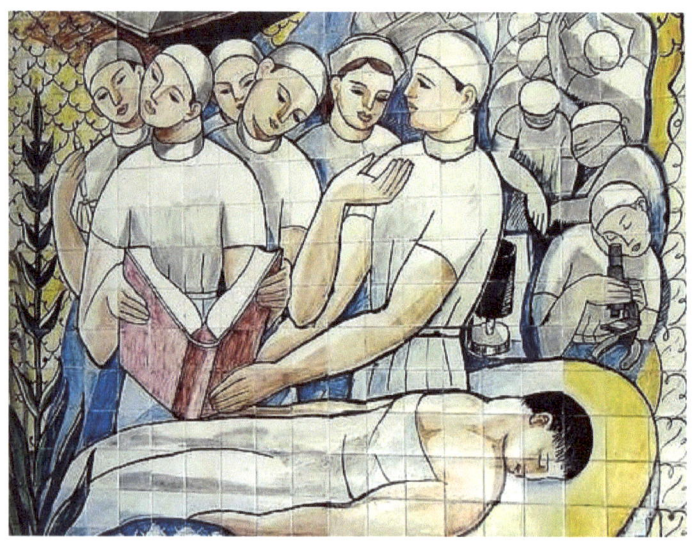

Mural de la Escuela de Medicina.

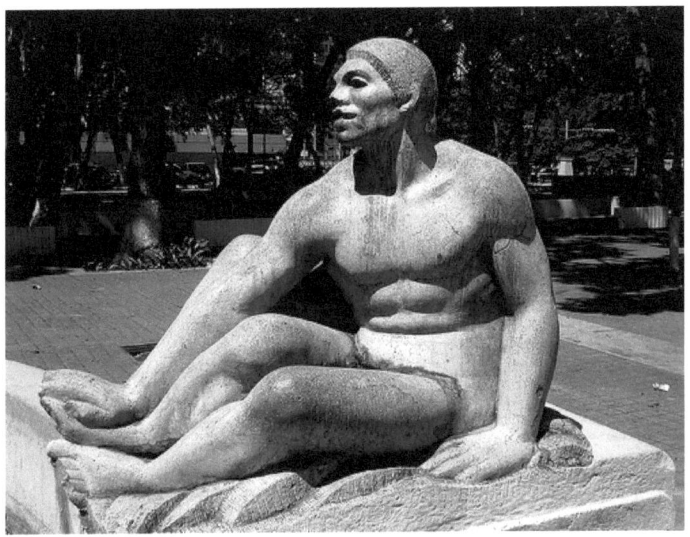

Parque Carabobo, Caracas.

CAPÍTULO III

El otoño del patriarca

A Narváez no lo asusta el arte nuevo en ninguna de sus ramificaciones, sin excluir la abstracta. Por el contrario, lo ha estudiado y ha tomado de él cuanto favorece a su sensibilidad y enriquece su oficio. De ahí que sea el más audaz formalmente entre nuestros escultores, sin dejar de ser integralmente venezolano. (Miguel Otero Silva, 1956)

A pesar del tiempo Narváez no ha terminado su interés en la reproducción y en la reflexión. Si la piedra sobre la piedra es pieza única, esa forma, cuando es llevada al bronce, puede convertirse en una edición. Seis u ocho piezas a partir de una sola materia. Pero lo que más nos interesa de este último es lo que creemos poder llamar una torsión conceptual y una nueva reflexión sobre la materia y sus problemas.

Cuando Narváez lleva a la fundición en bronce sus piedras sobre piedras y sus maderas sobre maderas, ya no trabaja piedra y madera con el lenguaje de la talla, sino trabaja el bronce y el lenguaje del fundido, pero manteniendo la apariencia del material original: piedra o madera. El lenguaje del vaciado y el fundido copiará y multiplicará el lenguaje de la mano que desbasta y sustrae. El ebanista, y el tallador, va a incorporar el conocimiento técnico de otro; el fundidor, para reproducir la idea original, así como la materialidad que el mismo artista trabajó con sus manos.

Hay una separación entre artesano y artista (ya no necesita Narváez hacer toda la pieza para seguir siendo el artista, ya la modernidad conceptual rescató la vieja tesis de Leonardo: el arte es cosa mental y por tanto no hace falta el desarrollo de la pieza en su totalidad, con sus manos). Y, por otra parte, hay un giro. Narváez se incorpora él como si fuera, tan típico de un arte que no se conformó con hacer objetos, sino que quiso también incluir los lenguajes del objeto. Lenguajes del vaciado y del fundido que hace una obra en bronce, pero que rescata las apariencias materiales (las de madera y la piedra) e inventa formas de bronce como si fueran de piedra o madera.

En 1980 Roger Morffe dirige un cortometraje documental de 3 minutos, sobre la obra de este artista, titulado "Narváez". Ese año el maestro dona 35 esculturas, 11 pinturas y 4 serigrafías al Museo de Arte Contemporáneo Francisco Narváez de Porlamar, inaugurado el año anterior. En 1981 fueron restauradas "Cacao y Perlas"; cuyo deterioro y mal estado de conservación produjo una polémica en la prensa, en la que se cuestionó el valor que las instituciones educativas daban al arte.

Ese año instala una pieza de dimensiones monumentales en Amuay (Judibana, Edo. Falcón), llamada "Energía", concebida como un volumen dinámico, en el que se buscaba crear la sensación de giro de unas aspas de piedra, con el contraste de la línea inclinada frente a la recta. En 1982 realizó otra escultura de grandes dimensiones para la estación La Hoyada del Metro de Caracas, llamada "Armonía de volúmenes y espacio". Sería la última que saldría de sus prodigiosas manos.

Luego del fallecimiento del artista el 7 de julio de 1982, sus familiares crearon la Fundación Francisco Narváez, pero seis años después de creada se publicaron artículos de prensa en los que se cuestionaba la labor de la Fundación, debido a la producción de piezas fundidas en bronce, sacadas al mercado como ediciones, y pruebas del artista no legitimadas. Los articulistas comentaron entonces que sólo debía considerarse como auténtico aquello que el artista produjo en vida; también censuraron la producción de hasta dos series de una misma pieza. Ante los artículos, la Fundación contestó que el artista siempre había deseado pasar muchas de sus piezas a materiales más duraderos y también señaló que, en el caso de las dos series, unas eran pruebas del artista proyectadas y no fundidas en vida, y las otras, versiones definitivas de la misma obra.

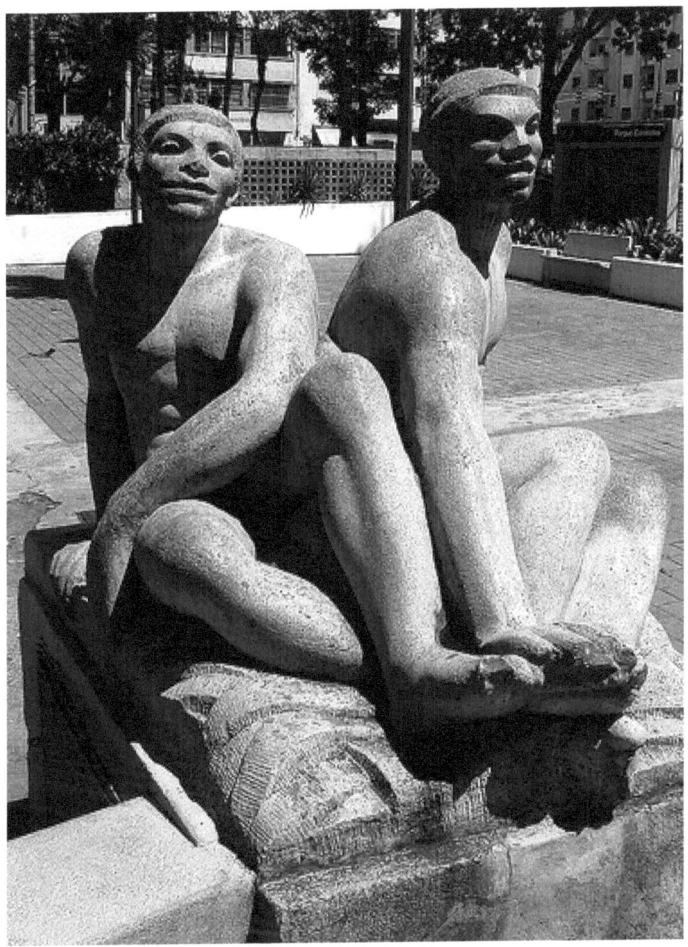

Parque de Carabobo, Caracas.

A MANERA DE EPÍLOGO

Francisco Narváez tuvo la verdadera humildad del que sabe, no necesitaba la publicidad personal ni la buscaba, más bien la eludía, conservando su propia imagen dedicada íntegramente a su obra. Quienes le conocieron afirman que su sentido del humor en la intimidad era prodigioso, sin herir jamás los sentimientos de otros seres, pero sin escapar a su mente rápida todo el ridículo y las pequeñeces del mundo que lo rodeaba. Aún así, Narváez aparece reseñado en el Diccionario de la Escultura Moderna (Hazan, París, 1960), en donde se señala que es un "inventor de formas líricas, teniendo el sentido de la plenitud y el equilibrio". Uslar Pietri se refirió a él como "uno de los acontecimientos plásticos de mayor trascendencia, en nuestra era". Mariano Picón Salas lo describió como "inventor lírico y artesano, nadie ha transfigurado como él las materias venezolanas".

La piedra y la madera, tres arcaicos elementos en escultura, cobraron en manos de Francisco Narváez un sentido diferente al que propiamente tienen y se transformaron en masas expresivas de gestos reales, a veces abstractos y hasta definitivamente humanos. Lo que parecería ser alegre y fácil juego de la imaginación tan sólo fue logrado a través de un duro análisis del estudio con el objeto, justamente para lograr que aparezca en cada oportunidad como la joven y renovada expresión del impulso de nuevas ideas que parecerían ser más bien consecuencia de la casualidad, que no de la meticulosa meditación de una actitud artística frente al problema de la escultura.

Eminentemente orgánica, la obra escultórica de Francisco Narváez requirió el aprovechamiento de materiales únicos, que nadie antes que él había usado en Venezuela; la piedra marina de Araya y la de Cumarebo; y maderas por lo menos cuarenta distintas. No de otro modo procederá Francisco. De allí la calidad masiva de sus trabajos, que él dispuso en uno o varios planos rotundos, de la forma cerrada que parecía entonces no requerir del aporte del espacio para concluir su construcción soberana. Añádase la riqueza de texturas y tonos de los materiales, y se comprenderá la sólida definición de su escultura, común igualmente a su pintura, cuando no se trata de efectivamente de incorporar el relieve en estuco a la superficie de la tela.

Narváez asentó su sello personalísimo y de alto contenido poético a las formas, a los espacios y a los volúmenes, logrando una extraordinaria fuerza lírica que se traduce en vigorosas tallas de retorcidos y olorosos árboles de nuestra exuberante flora tropical. Se nos presenta, pues, como un artista dialéctico, en cuanto a que no se deja envolver y detener por los cánones. Rehuye a los dogmas y con un criterio de artífice de la forma supo rescatar de cada "istmo" lo que es valedero. Debe reconocerse que como artista de su tiempo tuvo un criterio selectivo que le permitió separar la doctrina estética, lo que es efímero de lo que es permanente…una doctrina para orgullo nuestro fundida en Venezuela. Sí, fundida en la bella Caracas.

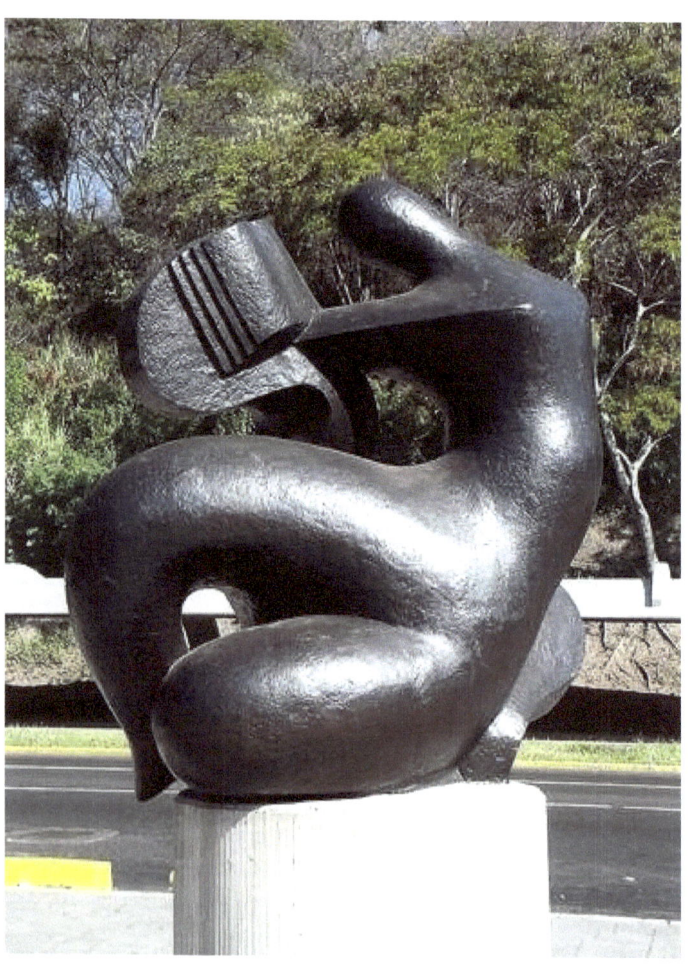

EXPOSICIONES INDIVIDUALES

1928: Club Venezuela, Caracas.

1930: Club Venezuela, Caracas.

1934: Ateneo de Caracas, Caracas.

1953: Museo de Bellas Artes, Caracas.

1956: Formas Nuevas, Sala de Exposiciones, Fundación Eugenio Mendoza, Caracas.

1957: Raíces, Sala de Exposiciones, Fundación Eugenio Mendoza, Caracas. Formas Nuevas, Centro de Bellas Artes, Maracaibo, Edo. Zulia.

1959: Sala de Exposiciones, Fundación Eugenio Mendoza, Caracas.

1961: Sala de Exposiciones, Fundación Eugenio Mendoza, Caracas.

1964: Sala de Exposiciones, Fundación Eugenio Mendoza, Caracas.

1966: Esculturas, Pinturas, Sala de Exposiciones, Fundación Eugenio Mendoza, Caracas.

1968: Instituto Nacional de Cultura y Bellas Artes, INCIBA, Porlamar. Galería de Arte Moderno, Caracas.

1970: Maderas y Piedras Ochavadas de Francisco Narváez, Sala de Exposiciones, Fundación Eugenio Mendoza, Caracas.

1971: Galería Framauro, Caracas.

1972: Bronce Cromado, Galería Antañona, Caracas. Galería Framauro, Caracas. Galería Gaudí, Maracaibo, Edo. Zulia.

1973: Gráficas, Galería Arte/Contacto, Caracas.

1974: La Trilogía, Galería Arte/Contacto, Caracas.

1976: Trayectoria de Francisco Narváez, Museo de Arte Contemporáneo de Caracas, Caracas. Esculturas en Bronce, Galería Marlborough, Nueva York. Bronces Bruñidos, Galería Arte Contacto, Caracas Galería Gaudí, Maracaibo, Edo. Zulia.

1977: Capilla de San Ponziano, Palazzo Comunale, Spoletto. Instituto Italo Americano, Roma.

1978: Galería SEN, Madrid. Galería Arte/Contacto, Caracas. Colegio de Ingenieros, Puerto Ordaz, Edo. Bolívar.

1979: Dade Public Library System, Miami. Instituto Zuliano de la Cultura Andrés Eloy Blanco, Maracaibo, Edo. Zulia. Galería Rafael Monasterios, Maracay, Edo. Aragua.

1980: La Colección Narváez, Museo de Arte Contemporáneo de Caracas, Sala Cadafe, Caracas. El Volumen y su Huella, Museo de Arte Contemporáneo Francisco Narváez, Porlamar, Edo. Nueva Esparta. Esculturas, Pinturas, Dibujos, Galería Alirio Rodríguez, Caracas. Francisco Narváez en la Colección GAN, Galería de Arte Nacional, Caracas.

1981: Varias Etapas, Galería Siete/Siete, Caracas. Visión de Narváez, Casa del Rectorado, Universidad Simón Bolívar, Caracas.

EXPOSICIONES PÓSTUMAS

1982: Homenaje a Francisco Narváez, Galería de Arte Nacional, Caracas.

1988: Galería Freites, Caracas. Todos los Tiempos de Narváez, Galería Municipal de Arte, Maracay, Edo. Aragua.

1992: Figuras, formas y volúmenes, Galería de Arte Ascaso, Valencia, Edo. Carabobo.

1993: Hitos de una Trayectoria, Museo de Artes Visuales Alejandro Otero, Caracas. Hitos de una Trayectoria, Museo de Arte Contemporáneo Francisco Narváez, Porlamar, Edo. Nueva Esparta. Hitos de una Trayectoria, Sala de Arte Sidor, Ciudad Guayana, Edo. Bolívar.

1995: Narváez o la Aventura de las Formas, Ministerio de Relaciones Exteriores, Caracas.

1997: Gabinete Narváez, Fundación Francisco Narváez, Caracas.

1998: Narváez, una Colección, Fundación Daniela Chappard, Caracas.

PREMIOS

1940: Premio Nacional de Escultura, I Salón Oficial de Arte Venezolano, Caracas.

1942: Premio John Boulton, III Salón Oficial de Arte Venezolano, Caracas.

1948: Premio Nacional de Pintura, IX Salón Oficial Anual de Arte Venezolano, Caracas.

1963: Primer Premio, IX Salón Oficial de Arte Julio T. Arze, Barquisimeto, Edo. Lara. Premio de Escultura, X Salón Oficial de Arte Julio T. Arze, Barquisimeto, Edo. Lara.

COLECCIONES

Fundación Francisco Narváez, Caracas, Distrito Federal.

Fundación Galería de Arte Nacional, Caracas, Distrito Federal.

Liceo Andrés Bello, Caracas, Distrito Federal.

Liceo Fermín Toro, Caracas, Distrito Federal.

Museo de Arte Contemporáneo de Caracas Sofía Imber, Caracas, Distrito Federal.

Museo de Arte Contemporáneo de Maracay Mario Abreu, Edo. Aragua.

Museo de Arte Moderno Francisco Narváez, Porlamar, Edo. Nueva Esparta.

Museo de Arte Moderno Jesús Soto, Ciudad Bolívar, Edo. Bolívar.

Museo Jacobo Borges, Caracas, Distrito Federal.

Residencia Presidencial La Casona, Caracas, Distrito Federal.

Universidad Central de Venezuela, Caracas, Distrito Federal.

OBRAS URBANAS

Antiguo Museo Bolivariano (fachada), Caracas.

Armonía de Volúmenes y Espacio, Estación La Hoyada, Metro de Caracas.

Capilla de la morgue del Instituto Anatomopatológico (murales), Ciudad Universitaria de Caracas.

Colegio de Ingenieros de Venezuela (fachada), Caracas.

Cristo, Seminario San José, El Hatillo, Edo. Miranda.

El Atleta, Estadio Olímpico, Ciudad Universitaria de Caracas.

Escuela de Formación de Oficiales de las Fuerzas Armadas de Cooperación, EFOFAC (auditorio), Caracas.

La Educación, Escuela Gran Colombia (Actual Francisco Pimentel), Caracas.

Escultura en piedra de cumarebo, Bulevar La Asunción, La Asunción, Edo. Nueva Esparta.

Estatua de Fermín Toro, Liceo Fermín Toro, Caracas.

Estatua Ecuestre del General Rafael Urdaneta, Plaza la Candelaria, Caracas.

Fuente Parque Carabobo, Caracas.

Gran Volumen / Energía, Judibana, Edo. Falcón.

Homenaje a Raúl Leoni, Bulevar Raúl Leoni, El Cafetal, Caracas.

Instituto Pedagógico (relieves), Caracas.

La Cultura, Plaza del Rectorado, Ciudad Universitaria de Caracas.

La Ciencia, Instituto de Medicina Experimental, Ciudad Universitaria de Caracas.

La Educación, Instituto Anatómico José Izquierdo, Ciudad Universitaria de Caracas.

La Patria, Escuela de Formación de Oficiales de las Fuerzas Armadas de Cooperación, EFOFAC, Caracas.

La Ronda, Plaza Bolívar, Porlamar, Edo. Nueva Esparta.

Las Toninas, Plaza O'Leary, Caracas.

Museo de Bellas Artes (fachada), Caracas Museo de Ciencias Naturales (fachada), Caracas.

Murales en el Instituto de Medicina Experimental, Instituto Anatómico "José Izquierdo" y Universidad Simón Bolívar (Patio del Rectorado), Sartenejas, Edo. Miranda.

Virgen de Coromoto, Basílica de Nazaret, Jerusalén.

Francisco Narváez: la batalla entre el artista y la forma

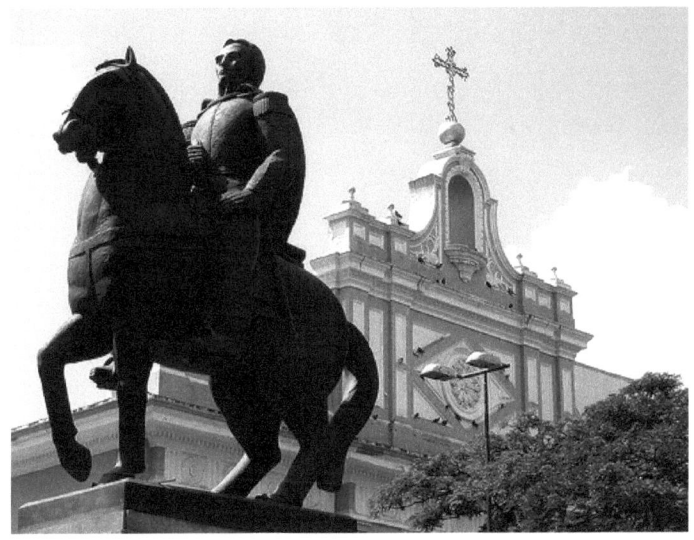

Estatua ecuestre del general Urdaneta

NOTAS

1. El 3 de agosto de 1498 Cristóbal Colón descubrió la tierra firme venezolana, por la costa de Paria, a la que llamó "Tierra de Gracia". Era su tercer viaje, en el que utilizó para llegar hasta aquí tres carabelas: Castilla, Correo y Vachina o Vaquiña. A la altura del delta del Orinoco observó un gran río que le impresionó. Colón escribió en su Diario de a bordo, que sintió aquel inmenso mar de agua dulce "...con un rugir muy grande...que hoy en día tengo miedo en el cuerpo...". Se trataba, indudablemente, del río Orinoco. El Gran Almirante de la Mar Océano encontró indígenas sumamente pacíficos que, en un principio, recibieron a los europeos con

muestras de simpatía. Pero fue Alonso de Ojeda quien por primera vez exploró los contornos de Venezuela y descubrió el lago de Maracaibo el 24 de agosto de 1499. Con Ojeda iban Américo Vespucio, Juan de la Cosa y el geógrafo Martín Fernández de Enciso. Se ha dicho repetidas veces que Américo Vespucio, italiano, asoció los palafitos del lago de Maracaibo con las casas sobre el agua en Venecia, y por eso llamó Venezuela ("pequeña Venecia") al territorio. En cambio, Fernández de Enciso, testigo presencial del descubrimiento, en su obra Summa de Geografía, publicada en 1519, explica: "...cerca de la tierra está una piedra grande que es llana encima della (sic). Y encima della (sic) está un lugar o casas de indios que se llama Veneciuela (sic)...". De esta manera, el nombre de Venezuela es autóctono y no un diminutivo veneciano.

2. Margarita de Austria (duquesa de Saboya) (1480-1530), gobernadora de los Países Bajos, hija del emperador Maximiliano I de Austria y de María, duquesa de Borgoña. En 1497, contrajo matrimonio con el hijo de los Reyes Católicos, el príncipe Juan, pero éste murió a los pocos meses de casado. En 1501, Margarita se casó con Filiberto II de Saboya, pero tampoco duró mucho este matrimonio, al fallecer éste en 1504.

Se trasladó a los Países Bajos para hacerse cargo de la tutoría de su sobrino Carlos (el futuro emperador Carlos V). Desde 1507 a 1515 y desde 1518 a 1530, le fue encomendado el gobierno de los Países Bajos, en calidad de regente, tarea que realizó con gran habilidad política. Fue mediadora de Carlos V en la Paz de Cambrai o de las Damas (1529), en la que se consiguió la paz entre la Casa de Austria (Habsburgo) y el trono francés.

3. Citado por Rafael Pineda en su libro Escultura y Pintura de Francisco Narváez, pág.10, al cual estaremos haciendo referencia regularmente en esta monografía, dado su carácter más testimonial que ensayístico.

4. La Asamblea Nacional Constituyente de 1901 eligió a Cipriano Castro (1859-1924) presidente constitucional, y como segundo vicepresidente a Juan Vicente Gómez, segundo jefe de la campaña de Castro, en cuya financiación había colaborado. El gobierno de Castro se caracterizó por la arbitrariedad. Hubo de hacer frente a diversas sediciones internas como la denominada "Revolución Libertadora", encabezada por el banquero Manuel Antonio Matos, que supuso

una verdadera guerra civil (1901-1903) y al bloqueo de algunas potencias europeas (1902-1903). Debido a una enfermedad, viajó a París el 24 de noviembre de 1908. Tras su marcha, el vicepresidente Gómez dio un golpe de Estado, que se consumó el 19 de diciembre de ese año, y prohibió el regreso de Castro al país. Éste se trasladó poco más tarde a Puerto Rico, donde falleció el 5 de diciembre de 1924 en la ciudad de San Juan. Sus restos reposan desde 1975 en un mausoleo que se le levantó en Capacho Nuevo.

5. Idem 3. pág.16.

6. Idem 3. pág.29.

7. Escrófula es un estado morboso caracterizado por el aumento de tamaño y degeneración de los ganglios linfáticos, especialmente en el cuello. El término escrófula ha recibido diferentes significados en los distintos periodos de la historia de la medicina, y por lo general se intercambiaba con los términos tuberculosis y estruma. Escrófula se utiliza para denominar una manifestación específica de la tuberculosis causada por el bacilo tuberculoso, que se suele extender a la piel, huesos y articulaciones de

manera muy similar a otras formas de tuberculosis. En la edad media se aplicó el término de mal del rey a esta enfermedad debido a la creencia de que se podía curar mediante el tacto de la mano de un rey.

8. Alejandro Colina. Escultor venezolano. Es autor, entre otras piezas y grupos escultóricos de la estatua de María Lionza, cuya réplica puede ser contemplada en la autopista Francisco de Miranda y que es objeto de culto y peregrinaciones de carácter sincrético popular. Así por ejemplo, el deterioro de la pieza original que ocasionó su colapso y posterior traslado para su restauración, fue el centro de profecías, y polémicas mediáticas que ya nadie menciona ni recuerda. Otro grupo escultórico de singular belleza, es el que se encuentra a la rivera de la Laguna de Tacarigua, formación lacustre endorreica venezolana denominada así desde la prehistoria hasta finales del siglo XVII, imponiéndose luego el actual topónimo. En zonas que rodeaban este lago hubo importantes asentamientos indígenas cuyas viviendas y tumbas fueron protegidas de las inundaciones mediante un sistema de grandes montículos artificiales, así como los cultivos de yuca amarga y maíz. El lago está emplazado a 406 m de altitud

en la fosa tectónica de Valencia, en la parte más deprimida que separa las serranías del litoral e interior del tramo central de la cordillera de la Costa, entre los estados de Carabobo y Aragua. Sus aguas cubren una superficie de 370 km2, con una profundidad media de 18 m, aunque con grandes variaciones entre los periodos de sequía y lluvia. Tiene trece islas, destacando la isla del Burro por ser sede de una antigua cárcel, hoy convertida en museo, destinada a reprimir a los revolucionarios que lucharon por la democracia. Le afluyen 22 ríos y riachuelos de escaso caudal, destacando los ríos Aragua, Turmero, Cabriales, Guacara y Güigüe. La retirada de sus aguas ha originado ricos suelos aluviales, que se han utilizado para cultivos de caña de azúcar y cítricos. Su cuenca hidrográfica abarca 7.800 km2, destinada a un intensivo uso agrícola y donde se localizan importantes núcleos urbanos e industriales, encabezados por las ciudades de Valencia y Maracay. En este lugar, Alejandro Colina concibió la obra, dedicada a los 300 años de la llegada de Cristóbal Colón, hoy parcialmente deteriorada aunque ya varias instituciones del Gobierno Bolivariano, trabajan en el rescate del Parque Nacional, la descontaminación del lago, y la restauración de la plaza. En una visita realizada en mayo de 2008, pudimos apreciar el conjunto escultórico de

Molina, que lo conforman varias fuentes de piedra, bancos, y farolas, donde rostros, figuras y extrañas figuras recuerdan la ancestral cultura de las tribus Tacarigua. Una monumental estatua de un cacique, es el centro de este grupo y simboliza las luchas de resistencia indígena contra el coloniaje español.

9. El mármol de Carrara, que abunda en los Alpes italianos y se extrae en la región de Carrara, Massa y Serravezza, fue utilizado en Roma con fines arquitectónicos en tiempos de Augusto, el primer emperador, aunque las variedades más finas de mármol escultórico fueron descubiertas más adelante. Los mejores trabajos de Miguel Ángel son de este tipo de mármol; es muy utilizado por los escultores contemporáneos.

10. Arturo Uslar Prieti (1906-) Obtuvo el título de Doctor en Ciencias Políticas en 1929. Fue ministro de Educación (1939-1941); Secretario de la presidencia de la República (1941-1943); Ministro de Hacienda (1943); Ministro de Relaciones Interiores (1945). Fue además redactor de la Ley de Educación de su país conocida como "Ley Uslar Pietri" (1940). Con el derrocamiento del presidente Medina fue

encarcelado y desterrado a Estados Unidos. A su regreso a Venezuela, en 1958, de nuevo fue detenido por el dictador Pérez Jiménez. En 1963 fue candidato a presidente de la República. Era miembro numerario de diversas Academias, entre ellas la de Lengua, y consiguió grandes premios, entre ellos el Premio Nacional en 1954, y el Príncipe de Asturias de las Letras en 1990. El rechazo del autor a transmitir mensajes sencillos y a estructurar su obra con fines didácticos, la hace especialmente poco convencional.

11. La amistad de Francisco Narváez y Alfredo Boulton, comenzó en Francia, en 1928, cuando el margariteño llegó a París referenciado por Uslar Pietri, y se prolongó a lo largo de la vida de Narváez, convirtiéndose Boulton en cronista por excelencia de la obra del genial escultor. La más vieja correspondencia entre estos dos amigos data del 18 de octubre de 1928 y reza así: "Excúsame la libertad que tomo al dirigirte la presente que es con el fin de exigirte me hagas un favor de facilitarme 400 francos, pues como el tipo de cambio está anormal no he podido cobrar completo, siéndome inoportuno por tener que hacer varios gastos de escuela y demás. Quedándote muy agradecido. Tu amigo, Francisco Narváez". Más tarde, Boulton

escribiría sobra la obra escultórica y pictórica de Narváez, con comentarios elogiosos como el siguiente: "… La obra de Narváez… adquirió una violencia de tono que desbordó los límites de nuestra pintura nacional. El tema de lo que hoy se llamaría Neo-realismo social lo presentó Narváez en lienzos reveladores de gran imaginación… Escenas de enseñanza escolar, de funciones religiosas, de acontecimientos históricos aparecieron con nuevas caracterizaciones plásticas y humanas". Este asombro perduraría hasta el final de sus vidas.

12. Andrés Eloy Blanco (1896-1955), poeta, cuentista, dramaturgo, periodista, biógrafo, orador y ensayista, nació en Cumaná, Sucre, y murió en Ciudad de México. Sus primeros poemas, aparecieron en 1911 en El Universal de Caracas. Hizo la carrera de Derecho entre 1914 y 1919 en la Universidad Central de Venezuela. En ese periodo participó en manifestaciones estudiantiles que lo llevaron varias veces a la cárcel. Opositor a la dictadura de Juan Vicente Gómez, estuvo en prisión desde 1928 hasta 1934 y en ella escribió varias de sus obras. Fundó el partido Acción Democrática y en 1948 ocupó el cargo de ministro de Relaciones Exteriores durante la fugaz presidencia del escritor Rómulo

Gallegos Freire. En noviembre de ese mismo año tuvo que exiliarse en Cuba y, finalmente, en México. Destacó en la poesía, apartándose en buena medida de las concepciones de sus contemporáneos. En su obra poética se descubre un registro muy amplio, que abarca lo personal, lo geográfico y lo telúrico, la herencia de la tradición, los juegos del humor, la influencia del romancero, el amor filial y su sensibilidad frente a la población de origen africano. Como cuentista, destaca el libro La aeroplana clueca (1921-1928, publicado en 1935). En uno de sus cuentos más valorados, "La gloria de Mamporal", criticó las famas pueblerinas. Como dramaturgo, escribió El Cristo de las violetas (1925); El pie de la Virgen (1937); Abigaíl (1937), de resonancias bíblicas; Los muertos las prefieren negras (1950); y El árbol de la noche alegre (1950). Como periodista fue uno de los más afamados columnistas de la prensa venezolana. Como biógrafo, se ocupó del presidente de la República, José María Vargas, en Vargas, albacea de la angustia (1947). Como ensayista político, se destacó especialmente en su Navegación de altura (1941) y Reloj de arena (título de la columna publicada en el periódico El Nacional a partir de 1943). Como orador político y literario, cautivó a las multitudes venezolanas de las décadas de 1930 y 1940. Y lo siguió haciendo hasta su muerte en el exilio. De hecho, su última intervención pública, pocas horas antes de morir, fue un discurso en el cual exhortó a lo mejor del espíritu venezolano a seguir viviendo.

13. Idem 3.

14. Entrevista de Maria Cecilia Valera publicada en la revista "Elite", 1930.

15. Artículo de Alfredo Boulton publicado en "Elite", pág.8, 1930.

16. "Elite", Año VIII, no. 392, 18 de marzo de 1933, portada a color, obra publicada. "Flores" Entrevista a Narváez por Lydia Pía Flamini de Tomasini.*45, Pag.2

17. André Lothe, citado por Juan Carlos Palenzuela.

18. Carlos Raúl Villanueva (1900-1972), arquitecto venezolano nacido en Londres. Gran conocedor de las vanguardias europeas de

Alemania y del espíritu de los trabajos del arquitecto franco-suizo Le Corbusier, de quien extraerá los alicientes que caracterizan toda su labor arquitectónica, supo combinar estas fuentes con la tradición colonial y popular. Hijo del embajador en Inglaterra Carlos Antonio Villanueva, concluyó sus estudios de arquitectura en la Escuela de Bellas Artes de París en 1928. A partir de 1929 comenzó en Caracas su carrera profesional. Los condicionantes del clima y un profundo entendimiento de las soluciones tradicionales, determinaron el carácter de numerosos elementos introducidos en su arquitectura: patios, corredores, terrazas con pérgolas, brise-soleil, enrejados, vegetación. Siempre mantuvo el interés por garantizar las relaciones entre el espacio físico y el acondicionamiento ambiental (ventilación natural, manejo y control de la luz con zonas de reposo-sombra, macizos predominantes sobre vanos en las fachadas). Entre sus primeras obras destacan el Ministerio de Asuntos Exteriores, la plaza de toros de Maracay, los museos de los Caobos o la Escuela Gran Colombia en Caracas. A partir de 1944 empezó a trabajar en el proyecto de la ciudad universitaria, para la que proyectó los edificios de la Escuela Técnica Industrial (1947), las facultades de Humanidades, Ciencias y Física (1954), Odontología (1955) y

Arquitectura y Farmacia (1957). Una de sus facetas más afortunadas fue la de urbanista. Dentro de este campo fue autor, entre otras, de las urbanizaciones General Rafael Urdaneta en Maracaibo (1943), Francisco de Miranda (1948), Ciudad Tablitas (1950) y el Paraíso (1952-54). También merecen una especial mención el estadio olímpico (1950) de Caracas y el Museo Soto en Ciudad Bolívar. Fue Premio Nacional de Arquitectura en 1963.

19. Muy pocos artistas nacionales habrán sido tan discutidos como lo ha sido Francisco Narváez. Tomamos de "EL HERALDO", 27 de diciembre 1934, Año XIII mes VI No. 3791, un fragmento del reportaje de Julio Morales, publicado bajo el título de: "Modernización del Parque Carabobo", el cual ilustra nuestro comentario: "Desde que mandó de París sus nuevos trabajos de facturas reaccionarias, cundió entre críticos y pintores la sospecha de que se trataba de un truco… ahora nos ofrece la fuente monumental Parque Carabobo. Quien observe detenidamente los diferentes grupos del monumento no podrá titubear al describir la procedencia artística, le concede el pase exitoso y el público en general se extasía y admira la obra del escultor".

20. Idem 3, pág.49

21. Pineda, Rafael. Escultura y pintura de Francisco Narváez, pág.49.

22. Tonina común, también llamada tursio truncado y delfín mular, nombres que recibe la especie mejor conocida y más estudiada de delfín. También es la especie más usual en los zoológicos y acuarios de todo el mundo. En la naturaleza, la tonina vive a lo largo de las costas de las zonas tropicales y templadas. Es una especie costera en gran parte de su área de distribución y forma grupos que no superan los 20 individuos, pero algunas variedades viven mar adentro y entonces los grupos pueden estar formados por unos 200 animales. La tonina suele ser gris o negra en las partes superiores y algo más clara en las inferiores. Tiene una aleta dorsal grande, curvada y terminada en punta, con la orilla llena de muescas debido al desgaste, lo que le da un carácter distintivo a cada individuo. Los investigadores han empleado esas marcas para identificar a estos animales y seguirlos en sus desplazamientos por el mar. Su cráneo presenta una prolongación que forma una especie de

hocico o pico que recuerda el cuello de una botella (también lo tienen otras especies de delfines). El tamaño de la tonina es variable; mide entre 2 y 4 m de largo dependiendo de las poblaciones. En general, los machos son un poco más grandes que las hembras de la misma edad y aquellos individuos que habitan en aguas frías también son mayores que los que viven en aguas templadas. La dieta de la tonina es variada y se trata de una especie un tanto oportunista; se alimenta sobre todo de peces, pero puede comer crustáceos, calamares y otros invertebrados. Los métodos de alimentación también son muy variados; a veces introduce su pico en las grictas de las rocas para capturar alguna presa, otras, persigue a los peces hasta dirigirlos hacia los bancos arenosos y después atraparlos con mayor facilidad, o bien caza en grupo cooperando varios individuos para capturar las presas. Además, la tonina aprovecha las ventajas que le brindan los barcos pesqueros, a los que sigue muy de cerca para alimentarse de los animales que van espantando o de las sobras y desperdicios que son tiradas por la borda. Son animales muy sociales y, al menos en algunas poblaciones costeras, parece que los grupos permanecen juntos durante toda la vida. Hay algunos datos sobre la existencia de grupos reproductores en los que intervienen varios machos y varias hembras a la vez sin que haya ningún comportamiento agresivo por parte de los individuos por acceder a una cópula. En algunas regiones de aguas tropicales y templadas hay poblaciones tanto residentes como no, pero los delfines que viven en zonas más frías realizan migraciones periódicas. Este singular cetáceo se comunica con los otros miembros de su grupo por medio de un rico repertorio de sonidos; por otro lado, parece ser que en algunas poblaciones los individuos emiten un sonido propio y característico muy diferente al de otros mamíferos. Para explorar e investigar su entorno hacen uso de la ecolocación y son capaces de localizar con precisión objetos muy pequeños. En realidad, gran parte de las investigaciones hechas sobre ecolocación han sido estudiadas con individuos de delfín mular en cautividad. Aunque casi siempre esta especie ha sido cazada (a veces de forma accidental cuando quedan atrapados en las redes de pesca), no parece que sus poblaciones estén en regresión, excepto en el mar Negro, donde además hay niveles de contaminación altos y se da una sobre pesca de las presas de las que se alimenta el delfín. El delfín mular se considera, por lo general, como la especie de cetáceo que presenta mayor adaptabilidad a diferentes medios, pues puede vivir muy cerca de zonas con actividad industrial, como son los canales y entradas de los puertos de muchos lugares del mundo. Esta especie es posible localizarla en las desembocaduras de los grandes ríos de América del Sur, de donde han derivado muchas leyendas relacionadas con su comportamiento.

23. Idem 21. pág.50.

24. Reseña de la inauguración de "Las toninas". Diario El Nacional. Reportaje de L.F. Martínez Gómez. Caracas, 1945.

25. Idem 21.

26. Armando Reverón (1889-1954), considerado el mejor pintor venezolano de la primera mitad del siglo XX, se interesó profundamente por la acción de la luz sobre las formas. Entusiasta del impresionismo francés, su pintura evolucionó a la abstracción y el simbolismo. Los temas preferidos fueron el paisaje y el desnudo femenino. Reverón nació en Caracas y desde niño mostró afición por la pintura, en la que se inició bajo la orientación de su primo Ricardo Montilla. En 1908 ingresa en la Academia de

Bellas Artes de Caracas, donde permanece tres años; a esta etapa formativa corresponden temas religiosos, paisajes y naturalezas muertas, influenciadas por Arturo Michelena (Josefina en el jardín, 1909). Gracias a una beca, en 1911 viaja a España e ingresa en la Escuela de Artes y Oficios de Barcelona. Tras un corto viaje a Venezuela, en 1912 se traslada a Madrid y sigue estudios en la Real Academia de Bellas Artes de San Fernando. En 1914 se traslada a París, allí permanece unos meses (Paisaje de Burdeos) y tras una corta estancia en Barcelona, vuelve definitivamente a Venezuela un año más tarde. Aquí se integra en el Círculo de Bellas Artes y abandona el rigor académico, ante el entusiasmo que despierta el impresionismo en él. Su traslado a La Guaira, en 1917, donde conoce a su modelo y compañera de vida, Juanita Ríos, será definitivo para su carrera de artista, en la que se distinguen tres periodos. En 1919 inicia el llamado periodo azul, en el que su obra, inmersa en una atmósfera sensual y misteriosa, está dominada por el azul profundo de su paleta y una factura espesa. Se trata de paisajes, retratos de Juanita y majas: El bosque de la Manguita, Juanita, La Cueva. A partir de entonces se definen las dos líneas temáticas que cultivará hasta la muerte: el paisaje (pintado al aire libre) y el desnudo. El momento decisivo de su carrera se produce en 1921 con su traslado y asentamiento en Macuto, pueblo costero, donde construye su 'castillete', y vive hasta poco antes de morir en compañía de Juanita. Entre 1922 y 1924 se dedica preferentemente a la construcción del 'Castillete' y abandona el impresionismo, adquiriendo gran importancia el color blanco, que utiliza en composiciones de corte abstracto (El Paisaje blanco, 1934), —periodo blanco—. La obra que marca el paso del periodo azul al blanco, que se extiende hasta 1934, es Fiesta en Caraballeda de 1924, donde utiliza como soporte tela de coleto, también incorpora a la obra elementos concoides, rocas, cocoteros, como referencias estructurales y figurativas en una atmósfera casi abstracta. En 1933 sufre una crisis nerviosa que le mantiene inactivo durante cierto tiempo, tras la cual empieza a pintar sobre papel con un estilo gestualista, que constituye una etapa de transición al periodo sepia, que se inicia en 1936. Pinta entonces obras de gran formato que escenifican varias figuras desnudas en un interior (La maja criolla, 1939) al tiempo que su producción se torna dramática con acentos expresionistas. Sustituye sus modelos, salvo Juanita, por muñecas de trapo fabricadas por él mismo (Serafina). Salvo el paréntesis de 1940-1945 en que pinta del natural paisajes portuarios con la frescura de los primeros años (El puerto de la Guaira, 1941), su obra es cada vez más introvertida y simbólica, al igual que su vida, cada vez más solitaria y ajena a la realidad; sus pinturas están bañadas por la luminosidad del sol y el resplandor de las estrellas bajo la noche tropical (Amanecer en el Caribe, 1944). En 1945 es internado por primera vez en un psiquiátrico, aumentan los desnudos y autorretratos (Desnudo acostado, 1947) y a partir de 1949 se observa una menor producción pictórica, a la vez que se centra en la técnica del dibujo, que se convertirá a partir de 1950 en la única utilizada. Los últimos años los pasa en una clínica psiquiátrica, en Catia, donde realiza distintos retratos de pacientes, que constituyen sus últimos trabajos. Sus pinturas giran mayoritariamente en torno a la representación de paisajes y figuras femeninas, en algunas de las cuales muestra cierto erotismo.

BIBLIOGRAFÍA CONSULTADA

LIBROS

Boulton, Alfredo, Narváez, Caracas, Ediciones Macanao, 1981.

Calzadilla, Juan y Pedro Briceño, Caracas, Escultura/escultores, Maraven, 1977.

Calzadilla, Juan, "Narváez en la USB", en El Nacional, Caracas, 13 de abril de 1981; p. C Gasparini, Marina et al., Obras de arte de la Ciudad Universitaria de Caracas, Caracas, Conac.

Jiménez, Ariel, "Piedra sobre piedra", en El Universal, Caracas 11 de diciembre de 1988; p.41.

Pineda, Rafael, Escultura y pintura de Francisco Narváez, INCIBA, Caracas, 1968.

Francisco Narváez, el maestrazo, Caracas, Tamayo y Cía, 1976.

La escultura hasta Narváez, Caracas, Armitano, 1980.

Rodríguez, Bélgica, Breve historia de la escultura contemporánea en Venezuela, Caracas, Fundarte, 1979.

REVISTAS Y PERIÓDICOS

(Agradecimiento a: Esmeralda Niño Araque, Departamento de Investigación, Fundación Galería de Arte Nacional, en investigación de fuentes y a Luis Rafael Bergolla en la selección de imágenes).

El Universal, Caracas Año 21, no. 7454, 10 de febrero de 1930. "Exposición

Pictórica", pág. 90.

El Universal, Caracas Año 21, no. 7460, 16 de febrero de 1930. "Exposición Pictórica", pág. 17. Inauguración de la exposición y la lista de óleos y acuarelas.

El Universal, Caracas Año 21, no. 7466, 22 de febrero de 1930. "Exposición Pictórica", pág. 13, comentarios positivos sobre la exposición.

El Universal, Caracas Año 21, no. 7554, 25 de mayo de 1930, pág. 21. "Triunfo de Artistas Venezolanos". Gregorio García y Francisco J. Narváez en el Salón Oficial de los Artistas Franceses.

Elite, Caracas, 19 de julio de 1930, pág. 26. Año 5, no. 253, "Venezolanos en París: Francisco Narváez". Traducción de un artículo publicado en la revista "Les Artistes D'aujour D'hui". Foto de La Pescadora.

Elite, Caracas, Año 5, no. 230, 8 de febrero de 1930, pág. 20 y 21, Villanueva y López Ugalde, F., "Artistas Venezolanos: Francisco Narváez". Contiene tres fotografías de los lienzos: "Frutas Verdes", "El Baño" y "Paisaje".

Elite, Caracas, Año 5, no. 230, 8 de febrero de 1930. Portada a color, Naturaleza Muerta, "Francisco Narváez. Figura en exposición próxima a abrirse en Caracas".

Elite, Caracas, Año 5, no. 230, 8 de febrero de 1930, pág. 19. "A propósito de la exposición Narváez", María Sol. Foto del lienzo "La Espera".

Elite, Caracas, Año 5, no. 246, 31 de mayo de 1930, pág. 20. "Venezuela en el salón de primavera de París: El escultor Gregorio García". Se hace referencia a Narváez y sale la fotografía de la obra aceptada "La Pescadora".

Elite, Caracas, Año 5, no. 230, 8 de febrero de 1930, pág. 9. "Un pintor venezolano: El venezolano Narváez", por André Willie. Reseña que la pieza la pescadora fue comentada en la revista L' Art Vivent, traducción de Minnie González Rincones.

Billiken, Caracas, Año 11, no. 536, 22 de febrero de 1930, pág. 11. "El pintor Francisco Narváez", por N.H.

INDICE

5/A MANERA DE INTRODUCCIÓN

De tal palo, tal astilla

Regreso a Porlamar

13/CAPÍTULO I

Un caso heroico

Catia, el hogar de la mejor esperanza venezolana

18/CAPÍTULO II

La batalla entre el artista y la forma

Toninas en la Plaza O'Leary

31/CAPÍTULO III

El otoño del patriarca

35/A MANERA DE EPÍLOGO

PRINCIPALES OBRAS

45/NOTAS

BIBLIOGRAFÍA CONSULTADA

Francisco Narváez: la batalla entre el artista y la forma

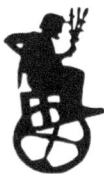

Ex Libris

Letras Latinas Publishers

2018

www.ingramcontent.com/pod-product-compliance
Lightning Source LLC
Chambersburg PA
CBHW040231220526
45473CB00001B/205